2022年新修订

配有关联知识点　　便于学习和理解

农产品质量安全法

学习宣传本

★双色大字本·普及本★

中国法制出版社
CHINA LEGAL PUBLISHING HOUSE

图书在版编目（CIP）数据

农产品质量安全法学习宣传本 / 中国法制出版社编
.—北京：中国法制出版社，2022.9
ISBN 978-7-5216-2860-9

Ⅰ.①农… Ⅱ.①中… Ⅲ.①农产品-产品质量法-中国-学习参考资料 Ⅳ.①D922.44

中国版本图书馆 CIP 数据核字（2022）第 160300 号

责任编辑：马春芳　　　　封面设计：杨泽江

农产品质量安全法学习宣传本

NONGCHANPIN ZHILIANG ANQUANFA XUEXI XUANCHUANBEN

编者/中国法制出版社
经销/新华书店
印刷/保定市中画美凯印刷有限公司
开本/850 毫米×1168 毫米　32 开　　　　印张/ 2　字数/ 32 千
版次/2022 年 9 月第 1 版　　　　2023 年 3 月第 2 次印刷

中国法制出版社出版
书号 ISBN 978-7-5216-2860-9　　　　定价：16.00 元

北京市西城区西便门西里甲 16 号西便门办公区
邮政编码：100053　　　　传真：010-63141600
网址：http：//www.zgfzs.com　　　　**编辑部电话：010-63141822**
市场营销部电话：010-63141612　　　　**印务部电话：010-63141606**

出版说明

农产品质量安全，关乎广大人民群众“舌尖上的安全”，对促进农业和农村经济发展也具有重要意义。

《中华人民共和国农产品质量安全法》（以下简称《农产品质量安全法》）于2006年公布施行，于2018年进行了修正，对规范农产品生产经营活动、保障农产品质量安全发挥了重要作用。但转变农业发展方式、加快现代农业建设对农产品质量安全提出了更高的要求，于是2022年进行了又一次修订。

为了让广大读者更好地学习和了解《农产品质量安全法》，进一步落实生产经营者的主体责任、地方政府的属地管理责任和部门的监督管理职责，明确源头治理、风险管理、全程控制的农产品质量安全工作原则，确保农产品从生产到销售各环节的质量安全，切实维护公众健康，特推出此学习宣传本。

本书具有如下特点：

一是配上了关联知识点，以便更好地普及本法。

二是采用了大字版式，以便读者更好地学习和使用。

三是条文增加了条旨，以便读者更好地阅读和理解。

四是采用了双色印制，给读者带来更好的阅读体验。

希望本书能很好地发挥作用，为大众学习和了解《农产品质量安全法》及相关法律知识提供帮助，进一步推动新时代法治宣传教育工作的有效开展。

目录

中华人民共和国农产品质量安全法

第七章 法律责任 / 38

中华人民共和国农产品质量安全法

（2006 年 4 月 29 日第十届全国人民代表大会常务委员会第二十一次会议通过　根据 2018 年 10 月 26 日第十三届全国人民代表大会常务委员会第六次会议《关于修改〈中华人民共和国野生动物保护法〉等十五部法律的决定》修正　2022 年 9 月 2 日第十三届全国人民代表大会常务委员会第三十六次会议修订）

第一章　总　　则

第一条　【立法目的】为了保障农产品质量安全，维护公众健康，促进农业和农村经济发展，制定本法。

第二条　【农产品、农产品质量安全的概念】本法所称农产品，是指来源于种植业、林业、畜牧业和渔业等的初级产品，即在农业活动中获得的植物、动物、微生物及其产品。

本法所称农产品质量安全，是指农产品质量达到农产品质量安全标准，符合保障人的健康、安全的要求。

第三条 【适用范围】与农产品质量安全有关的农产品生产经营及其监督管理活动，适用本法。

《中华人民共和国食品安全法》对食用农产品的市场销售、有关质量安全标准的制定、有关安全信息的公布和农业投入品已经作出规定的，应当遵守其规定。

知识点：监管对象实现全覆盖

《农产品质量安全法》明确，与农产品质量安全有关的农产品生产经营及其监督管理活动，适用本法。《农产品质量安全法》将监管范围扩大到所有农产品生产经营主体，强化生产经营主体第一责任，对农产品生产企业、农民专业合作社等规模化主体从严要求。《农产品质量安全法》明确规定：农产品生产经营者应当对其生产经营的农产品质量安全负责（第七条第一款）；农产品生产企业应当建立农产品质量安全管理制度，配备相应的技术人员（第二十六条第二款）；农产品生产企业、农民专业合作社应当执行法律、法规的规定和国家有关强制性标准，保证其销售的农产品符合农产品质量安全标准；鼓励和支持农户销售农产品时开具承诺达标合格证；从事农产品收购的单位或者个人应当按照规定收取、保存承诺达标合格证或者其他质量安全合格证明（第三十九条）。《农产品质量安全法》将农产品质量安全摆在更加突出的地位，增强生产经营主体责任意识，规定生产经营者对其生产经营的农产品质量安全负责，对造成的人身、财产或者其他损害承担赔偿责任，对社会造成严重危害的，依法承担相应的法律责任。此外，明确了《农产品质量安全法》与《食品安全法》的适用关系，即《食品安全法》对食用农产品的市场销售、有关质量安全标准的制定、有关安全信息的公布和农业投入品已经作出规定的，应当遵守其规定（第三条第二款）。

第四条 【农产品质量安全工作原则】国家加强农产品质量安全工作，实行源头治理、风险管理、全程控制，建立科学、严格的监督管理制度，构建协同、高效的社会共治体系。

知识点：健全农产品质量安全责任机制

一是明确农产品质量安全工作实行源头治理、风险管理、全程控制的原则（第四条）。二是明确农产品生产经营者应当对其生产经营的农产品质量安全负责，要求生产经营者诚信自律，接受社会监督，承担社会责任（第七条）。三是落实地方人民政府的属地管理责任和部门的监督管理职责，规定县级以上地方人民政府对本行政区域的农产品质量安全工作负责；各级农业农村、市场监督管理等有关部门依法依职责承担农产品质量安全监管工作（第五条、第六条）。四是构建协同、高效的社会共治体系，要求注重发挥基层群众性自治组织在农产品质量安全管理中的优势和作用，鼓励其建立农产品质量安全信息员工作制度，协助开展有关工作（第十一条、第五十二条）。

第五条 【国务院有关部门农产品质量安全工作职责】国务院农业农村主管部门、市场监督管理部门依照本法和规定的职责，对农产品质量安全实施监督管理。

国务院其他有关部门依照本法和规定的职责承担农产品质量安全的有关工作。

第六条 【各级地方人民政府农产品质量安全工作职责】县级以上地方人民政府对本行政区域的农产品质量安全工作负责，统一领导、组织、协调本行政区域的农产品质量安全工作，建立健全农产品质量安全工作机制，提高农产品质量安全水平。

县级以上地方人民政府应当依照本法和有关规定，确定本级农业农村主管部门、市场监督管理部门和其他有关部门的农产品质量安全监督管理工作职责。各有关部门在职责范围内负责本行政区域的农产品质量安全监督管理工作。

乡镇人民政府应当落实农产品质量安全监督管理责任，协助上级人民政府及其有关部门做好农产品质量安全监督管理工作。

第七条 【农产品生产经营者责任】农产品生产经营者应当对其生产经营的农产品质量安全负责。

农产品生产经营者应当依照法律、法规和农产品质量安全标准从事生产经营活动，诚信自律，接受社会监督，承担社会责任。

第八条 【经费预算】县级以上人民政府应当将农产品质量安全管理工作纳入本级国民经济和社会发展规划，所需经费列入本级预算，加强农产品质量安全监督管理能力建设。

第九条 【鼓励和支持生产绿色优质农产品】国家引导、推广农产品标准化生产，鼓励和支持生产绿色优质农产品，禁止生产、销售不符合国家规定的农产品质量安全标准的农产品。

第十条 【农产品质量安全科学技术的研究、推广、交流】国家支持农产品质量安全科学技术研究，推行科学的质量安全管理方法，推广先进安全的生产技术。国家加强农产品质量安全科学技术国际交流与合作。

第十一条 【农产品质量安全知识宣传】各级人民政府及有关部门应当加强农产品质量安全知识的宣传，发挥基层群众性自治组织、农村集体经济组织的优势和作用，指导农产品生产经营者加强质量安全管理，保障农产品消费安全。

新闻媒体应当开展农产品质量安全法律、法规和农产品质量安全知识的公益宣传，对违法行为进行舆论监督。有关农产品质量安全的宣传报道应当真实、公正。

第十二条 【农民专业合作社和农产品行业协会等的自律管理】农民专业合作社和农产品行业协会等应当及时为其成员提供生产技术服务，建立农产品质量安全管理制度，健全农产品质量安全控制体系，加强自律管理。

第二章　农产品质量安全风险管理和标准制定

第十三条 【农产品质量安全风险监测制度】国家建立农产品质量安全风险监测制度。

国务院农业农村主管部门应当制定国家农产品质量安全风险监测计划，并对重点区域、重点农产品品种进行质量安全风险监测。省、自治区、直辖市人民政府农业农村主管部门应当根据国家农产品质量安全风险监测计划，结合本行政区域农产品生产经营实际，制定本行政区域的农产品质量安全风险监测实施方案，并报国务院农业农村主管部门备案。县级以上地方人民政府农业农村主管部门负责组织实施本行政区域的农产品质量安全风险监测。

县级以上人民政府市场监督管理部门和其他有关部门获知有关农产品质量安全风险信息后，应当立即核实并向同级农业农村主管部门通报。接到通报的农业农村主管部门应当及时上报。制定农产品质量安全风险监测计划、实施方案的部门应当及时研究分析，必要时进行调整。

第十四条 【农产品质量安全风险评估制度】国家建

立农产品质量安全风险评估制度。

国务院农业农村主管部门应当设立农产品质量安全风险评估专家委员会，对可能影响农产品质量安全的潜在危害进行风险分析和评估。国务院卫生健康、市场监督管理等部门发现需要对农产品进行质量安全风险评估的，应当向国务院农业农村主管部门提出风险评估建议。

农产品质量安全风险评估专家委员会由农业、食品、营养、生物、环境、医学、化工等方面的专家组成。

第十五条 【安全风险监测与评估制度的应用】国务院农业农村主管部门应当根据农产品质量安全风险监测、风险评估结果采取相应的管理措施，并将农产品质量安全风险监测、风险评估结果及时通报国务院市场监督管理、卫生健康等部门和有关省、自治区、直辖市人民政府农业农村主管部门。

县级以上人民政府农业农村主管部门开展农产品质量安全风险监测和风险评估工作时，可以根据需要进入农产品产地、储存场所及批发、零售市场。采集样品应当按照市场价格支付费用。

第十六条 【建立健全农产品质量安全标准体系】国

家建立健全农产品质量安全标准体系，确保严格实施。农产品质量安全标准是强制执行的标准，包括以下与农产品质量安全有关的要求：

（一）农业投入品质量要求、使用范围、用法、用量、安全间隔期和休药期规定；

（二）农产品产地环境、生产过程管控、储存、运输要求；

（三）农产品关键成分指标等要求；

（四）与屠宰畜禽有关的检验规程；

（五）其他与农产品质量安全有关的强制性要求。

《中华人民共和国食品安全法》对食用农产品的有关质量安全标准作出规定的，依照其规定执行。

知识点：强化农产品质量安全风险管理和标准制定

一是完善农产品质量安全风险监测制度，明确国务院农业农村主管部门负责制定风险监测计划，对重点区域、重点农产品品种进行质量安全风险监测；省级人民政府农业农村主管部门负责制定本行政区域风险监测实施方案；县级以上地方人民政府农业农村主管部门负责组织实施本行政区域的农产品质量安全风险监测（第十三条）。二是完善农产品质量安全风险评估制度，规定国务院农业农村主管部门设立专家委员会负责对可能影响农产品质量安全的潜在危害进行风险分析和评估，明确专家委员会的成员组成（第十四条）。三是明确农产品质量安全标准的内容，包括与农产品质量安全有关的农业投入品质量和使用要求，农产品产地环境、生产过程管控、存储、运输要求，农产品关键成分指标要求，屠宰畜禽检验规程等。对食用农产品的有关质量安全标准，《食品安全法》作出规定的，依照其规定执行（第十六条）。

第十七条 【农产品质量安全标准的制定与发布】农产品质量安全标准的制定和发布，依照法律、行政法规的规定执行。

制定农产品质量安全标准应当充分考虑农产品质量安全风险评估结果，并听取农产品生产经营者、消费者、有关部门、行业协会等的意见，保障农产品消费安全。

第十八条 【农产品质量安全标准的修订】农产品质量安全标准应当根据科学技术发展水平以及农产品质量安全的需要，及时修订。

第十九条 【农产品质量安全标准的推进实施】农产品质量安全标准由农业农村主管部门商有关部门推进实施。

第三章 农产品产地

第二十条 【建立健全农产品产地监测制度】国家建立健全农产品产地监测制度。

县级以上地方人民政府农业农村主管部门应当会同同级生态环境、自然资源等部门制定农产品产地监测计划，加强农产品产地安全调查、监测和评价工作。

第二十一条 【特定农产品禁止生产区域的划定与管理】县级以上地方人民政府农业农村主管部门应当会同同级生态环境、自然资源等部门按照保障农产品质量安全的要求，根据农产品品种特性和产地安全调查、监测、评价结果，依照土壤污染防治等法律、法规的规定提出划定特定农产品禁止生产区域的建议，报本级人民政府批准后实施。

任何单位和个人不得在特定农产品禁止生产区域种植、养殖、捕捞、采集特定农产品和建立特定农产品生产基地。

特定农产品禁止生产区域划定和管理的具体办法由国务院农业农村主管部门商国务院生态环境、自然资源等部门制定。

第二十二条 【禁止向农产品产地排污】任何单位和个人不得违反有关环境保护法律、法规的规定向农产品产地排放或者倾倒废水、废气、固体废物或者其他有毒有害物质。

农业生产用水和用作肥料的固体废物，应当符合法律、法规和国家有关强制性标准的要求。

第二十三条 【防止农业投入品污染农产品产地】农产品生产者应当科学合理使用农药、兽药、肥料、农用薄膜等农业投入品，防止对农产品产地造成污染。

农药、肥料、农用薄膜等农业投入品的生产者、经营者、使用者应当按照国家有关规定回收并妥善处置包装物和废弃物。

知识点：净化农产品产地环境

一是建立健全农产品产地监测制度，县级以上地方人民政府农业农村主管部门应当会同同级生态环境、自然资源等有关部门制定农产品产地监测计划，加强农产品产地安全调查、监测和评价工作（第二十条）。二是任何单位和个人不得违反有关环境保护法律、法规的规定向农产品产地排放或者倾倒废水、废气、固体废物或者其他有毒有害物质（第二十二条第一款）。三是防止农业投入品过量使用对产地环境的污染（第二十三条第一款）。四是农产品产地环境日常检查。县级以上地方人民政府农业农村主管部门应当开展日常检查，重点检查农产品产地环境等情况（第五十二条第一款）。

第二十四条 【推进农业标准化示范建设】县级以上人民政府应当采取措施，加强农产品基地建设，推进农业标准化示范建设，改善农产品的生产条件。

第四章 农产品生产

第二十五条 【农产品生产质量安全的培训与指导】县级以上地方人民政府农业农村主管部门应当根据本地区的实际情况，制定保障农产品质量安全的生产技术要求和操作规程，并加强对农产品生产经营者的培训和指导。

农业技术推广机构应当加强对农产品生产经营者质量

安全知识和技能的培训。国家鼓励科研教育机构开展农产品质量安全培训。

第二十六条 【农产品生产企业等的质量安全内控管理】农产品生产企业、农民专业合作社、农业社会化服务组织应当加强农产品质量安全管理。

农产品生产企业应当建立农产品质量安全管理制度，配备相应的技术人员；不具备配备条件的，应当委托具有专业技术知识的人员进行农产品质量安全指导。

国家鼓励和支持农产品生产企业、农民专业合作社、农业社会化服务组织建立和实施危害分析和关键控制点体系，实施良好农业规范，提高农产品质量安全管理水平。

知识点：完善农产品生产经营全过程管控措施

一是建立健全农产品产地监测制度，要求县级以上地方农业农村主管部门会同生态环境、自然资源等部门制定监测计划，加强农产品产地安全调查、监测和评价工作（第二十条）。二是加强地理标志农产品保护和管理，鼓励采用绿色生产技术和全程质量控制技术，提高农产品品质，打造农产品品牌（第三十二条、第四十二条第二款）。三是建立内控管理制度，规定农产品生产企业、农民专业合作社、农业社会化服务组织应当加强农产品质量安全管理，农产品生产企业应当建立农产品质量安全管理制度，鼓励、支持农产品生产企业、农民专业合作社、农业社会化服务组织建立和实施危害分析和关键控制点体系（第二十六条）。四是建立农产品质量安全追溯制度，规定农产品生产企业、农民专业合作社应当保证其销售的农产品符合农产品质量安全标准，并根据质量安全控制、检测结果等开具承诺达标合格证（第三十九条第一款、第四十一条第一款）。

第二十七条 【建立农产品生产记录】农产品生产企业、农民专业合作社、农业社会化服务组织应当建立农产品生产记录，如实记载下列事项：

（一）使用农业投入品的名称、来源、用法、用量和使用、停用的日期；

（二）动物疫病、农作物病虫害的发生和防治情况；

（三）收获、屠宰或者捕捞的日期。

农产品生产记录应当至少保存二年。禁止伪造、变造农产品生产记录。

国家鼓励其他农产品生产者建立农产品生产记录。

第二十八条【农业投入品的许可与监督抽查】对可能影响农产品质量安全的农药、兽药、饲料和饲料添加剂、肥料、兽医器械，依照有关法律、行政法规的规定实行许可制度。

省级以上人民政府农业农村主管部门应当定期或者不定期组织对可能危及农产品质量安全的农药、兽药、饲料和饲料添加剂、肥料等农业投入品进行监督抽查，并公布抽查结果。

农药、兽药经营者应当依照有关法律、行政法规的规定建立销售台账，记录购买者、销售日期和药品施用范围等内容。

第二十九条【防止农业投入品过量使用危及农产品质量安全】农产品生产经营者应当依照有关法律、行政法规和国家有关强制性标准、国务院农业农村主管部门的规定，科学合理使用农药、兽药、饲料和饲料添加剂、肥料等农业投入品，严格执行农业投入品使用安全间隔期或者休药期的规定；不得超范围、超剂量使用农业投入品危及农产品质量安全。

禁止在农产品生产经营过程中使用国家禁止使用的农业投入品以及其他有毒有害物质。

第三十条 【农产品生产设施、设备等的质量安全要求】农产品生产场所以及生产活动中使用的设施、设备、消毒剂、洗涤剂等应当符合国家有关质量安全规定，防止污染农产品。

第三十一条 【农业投入品使用的监督管理与指导】县级以上人民政府农业农村主管部门应当加强对农业投入品使用的监督管理和指导，建立健全农业投入品的安全使用制度，推广农业投入品科学使用技术，普及安全、环保农业投入品的使用。

知识点：农业投入品使用管理制度

一是对可能影响农产品质量安全的农药、兽药、饲料和饲料添加剂、肥料、兽医器械，依照有关法律、行政法规的规定实行许可制度。省级以上人民政府农业农村主管部门应当定期或者不定期组织对可能危及农产品质量安全的农药、兽药、饲料和饲料添加剂、肥料等农业投入品进行监督抽查，并公布抽查结果（第二十八条）。二是规定农业投入品的科学合理使用，即农产品生产经营者应当依照有关法律、行政法规和国家有关强制性标准、国务院农业农村主管部门的规定，科学合理使用农药、兽药、饲料和饲料添加剂、肥料等农业投入品，严格执行农业投入品使用安全间隔期或者休药期的规定；不得超范围、超剂量使用农业投入品危及农产品质量安全。禁止在农产品生产经营过程中使用国家禁止使用的农业投入品以及其他有毒有害物质（第二十九条）。三是县级以上人民政府农业农村主管部门应当加强对农业投入品使用的监督管理和指导，建立健全农业投入品的安全使用制度，推广农业投入品科学使用技术，普及安全、环保农业投入品的使用（第三十一条）。四是在农产品生产经营过程中使用国家禁止使用的农业投入品或者其他有毒有害物质的，将承担相应法律责任（第七十条）。

第三十二条【绿色生产技术和全程质量控制技术】 国家鼓励和支持农产品生产经营者选用优质特色农产品品种，采用绿色生产技术和全程质量控制技术，生产绿色优质农产品，实施分等分级，提高农产品品质，打造农产品品牌。

第三十三条【冷链农产品质量安全】 国家支持农产品产地冷链物流基础设施建设，健全有关农产品冷链物流标准、服务规范和监管保障机制，保障冷链物流农产品畅通高效、安全便捷，扩大高品质市场供给。

从事农产品冷链物流的生产经营者应当依照法律、法规和有关农产品质量安全标准，加强冷链技术创新与应用、质量安全控制，执行对冷链物流农产品及其包装、运输工具、作业环境等的检验检测检疫要求，保证冷链农产品质量安全。

第五章　农产品销售

第三十四条 【农产品质量安全检测】销售的农产品应当符合农产品质量安全标准。

农产品生产企业、农民专业合作社应当根据质量安全控制要求自行或者委托检测机构对农产品质量安全进行检测；经检测不符合农产品质量安全标准的农产品，应当及时采取管控措施，且不得销售。

农业技术推广等机构应当为农户等农产品生产经营者提供农产品检测技术服务。

第三十五条 【农产品包装、保鲜、储存、运输中的质量安全要求】农产品在包装、保鲜、储存、运输中所使用的保鲜剂、防腐剂、添加剂、包装材料等，应当符合国家有关强制性标准以及其他农产品质量安全规定。

储存、运输农产品的容器、工具和设备应当安全、无害。禁止将农产品与有毒有害物质一同储存、运输，防止污染农产品。

第三十六条 【禁止销售不符合质量安全标准的农产品】有下列情形之一的农产品，不得销售：

（一）含有国家禁止使用的农药、兽药或者其他化合物；

（二）农药、兽药等化学物质残留或者含有的重金属等有毒有害物质不符合农产品质量安全标准；

（三）含有的致病性寄生虫、微生物或者生物毒素不符合农产品质量安全标准；

（四）未按照国家有关强制性标准以及其他农产品质量安全规定使用保鲜剂、防腐剂、添加剂、包装材料等，或者使用的保鲜剂、防腐剂、添加剂、包装材料等不符合国家有关强制性标准以及其他质量安全规定；

（五）病死、毒死或者死因不明的动物及其产品；

（六）其他不符合农产品质量安全标准的情形。

对前款规定不得销售的农产品，应当依照法律、法规的规定进行处置。

第三十七条 【进场销售的农产品质量安全抽查检测】农产品批发市场应当按照规定设立或者委托检测机构，对进场销售的农产品质量安全状况进行抽查检测；发现不符合农产品质量安全标准的，应当要求销售者立即停止销售，并向所在地市场监督管理、农业农村等部门报告。

农产品销售企业对其销售的农产品，应当建立健全进货检查验收制度；经查验不符合农产品质量安全标准的，不得销售。

食品生产者采购农产品等食品原料，应当依照《中华人民共和国食品安全法》的规定查验许可证和合格证明，对无法提供合格证明的，应当按照规定进行检验。

第三十八条 【包装或附加标识要求】农产品生产企业、农民专业合作社以及从事农产品收购的单位或者个人销售的农产品，按照规定应当包装或者附加承诺达标合格证等标识的，须经包装或者附加标识后方可销售。包装物或者标识上应当按照规定标明产品的品名、产地、生产者、生产日期、保质期、产品质量等级等内容；使用添加剂的，还应当按照规定标明添加剂的名称。具体办法由国务院农业农村主管部门制定。

第三十九条 【农产品质量安全承诺达标合格证制度】 农产品生产企业、农民专业合作社应当执行法律、法规的规定和国家有关强制性标准，保证其销售的农产品符合农产品质量安全标准，并根据质量安全控制、检测结果等开具承诺达标合格证，承诺不使用禁用的农药、兽药及其他化合物且使用的常规农药、兽药残留不超标等。鼓励和支持农户销售农产品时开具承诺达标合格证。法律、行政法规对畜禽产品的质量安全合格证明有特别规定的，应当遵守其规定。

从事农产品收购的单位或者个人应当按照规定收取、保存承诺达标合格证或者其他质量安全合格证明，对其收购的农产品进行混装或者分装后销售的，应当按照规定开具承诺达标合格证。

农产品批发市场应当建立健全农产品承诺达标合格证查验等制度。

县级以上人民政府农业农村主管部门应当做好承诺达标合格证有关工作的指导服务，加强日常监督检查。

农产品质量安全承诺达标合格证管理办法由国务院农业农村主管部门会同国务院有关部门制定。

知识点：新增承诺达标合格证制度

《农产品质量安全法》新增农产品质量安全承诺达标合格证制度，保证农产品质量安全可追溯。一是将开具承诺达标合格证确定为一项法律义务，明确农产品生产企业、农民专业合作社应当根据质量安全控制、检测结果等开具承诺达标合格证，承诺不使用禁用的农药、兽药及其他化合物且使用的常规农药、兽药残留不超标等；从事农产品收购的单位或者个人对其收购的农产品进行混装或者分装后销售的，应当按照规定开具承诺达标合格证。同时，考虑到普通农户可能不具备这方面的条件，规定鼓励和支持农户销售农产品时开具承诺达标合格证，引导农户加强农产品的质量控制，提高农产品质量安全意识。二是在销售环节，规定从事农产品收购的单位或者个人应当按照规定收取、保存承诺达标合格证或者其他质量安全合格证明，农产品批发市场应当建立健全农产品承诺达标合格证查验等制度，明确交易流通环节的管理措施。三是规定了县级以上人民政府农业农村主管部门应当做好承诺达标合格证有关工作的指导服务，加强日常监督检查，确保承诺达标合格证制度发挥实效。四是规定了未按照规定开具、收取、保存承诺达标合格证的法律责任。

第四十条　【通过网络平台销售农产品的质量安全管理】农产品生产经营者通过网络平台销售农产品的，应当依照本法和《中华人民共和国电子商务法》、《中华人民共和国食品安全法》等法律、法规的规定，严格落实质量安全责任，保证其销售的农产品符合质量安全标准。网络平台经营者应当依法加强对农产品生产经营者的管理。

知识点：进一步压实有关主体的农产品质量安全责任

对销售的农产品，《农产品质量安全法》完善农产品包装、标识制度和农产品质量安全检测制度，并进一步压实有关主体的农产品质量安全责任。一是农产品批发市场，即农产品批发市场应当按照规定设立或者委托检测机构，对进场销售的农产品质量安全状况进行抽查检测；发现不符合农产品质量安全标准的，应当要求销售者立即停止销售，并向所在地市场监督管理、农业农村等部门报告（第三十七条第一款）；农产品批发市场应当建立健全农产品承诺达标合格证查验等制度（第三十九条第三款）。二是农产品销售企业，即农产品销售企业对其销售的农产品，应当建立健全进货检查验收制度；经查验不符合农产品质量安全标准的，不得销售（第三十七条第二款）。三是农产品冷链物流企业，即从事农产品冷链物流的生产经营者应当依照法律、法规和有关农产品质量安全标准，加强冷链技术创新与应用、质量安全控制，执行对冷链物流农产品及其包装、运输工具、作业环境等的检验检测检疫要求，保证冷链农产品质量安全（第三十三条第二款）。四是网络平台经营者，即农产品生产经营者通过网络平台销售农产品的，应当严格落实质量安全责任，保证其销售的农产品符合质量安全标准。网络平台经营者应当依法加强对农产品生产经营者的管理（第四十条）。

第四十一条 【农产品质量安全追溯管理制度和信息化管理】国家对列入农产品质量安全追溯目录的农产品实施追溯管理。国务院农业农村主管部门应当会同国务院市场监督管理等部门建立农产品质量安全追溯协作机制。农产品质量安全追溯管理办法和追溯目录由国务院农业农村主管部门会同国务院市场监督管理等部门制定。

国家鼓励具备信息化条件的农产品生产经营者采用现代信息技术手段采集、留存生产记录、购销记录等生产经营信息。

知识点：农产品质量安全信息化追溯管理

2010年开始，商务部以“一荤一素”为突破口，率先推进肉类、蔬菜追溯体系建设。2021年7月，农业农村部印发《农产品质量安全信息化追溯管理办法（试行）》及5个配套制度（《国家追溯平台主体注册管理办法（试行）》等），规定国家追溯平台优先支持农业农村部认定的“三品一标”（即无公害农产品、绿色食品、有机农产品和农产品地理标志）农产品、品牌农产品，以及风险较高的重点农产品及其生产经营主体（《农产品质量安全信息化追溯管理办法（试行）》第十条第二款）。

国家完善产地农产品追溯体系，推进农产品追溯信息贯通产前、产中、产后各环节，并向市场流通和消费端延伸。发挥政府引导、市场驱动、企业主体作用，推动重点品种、重点领域、重点地区农产品追溯先行先试。优化国家农产品质量安全追溯管理信息平台功能，推广信息化追溯技术。[①]2021年底，国家农产品质量安全追溯管理信息平台建设项目顺利通过验收。

① 参见：农业农村部《“十四五”全国农产品质量安全提升规划》（农质发〔2022〕1号）。

第四十二条 【优质农产品质量标志的使用】农产品质量符合国家规定的有关优质农产品标准的，农产品生产经营者可以申请使用农产品质量标志。禁止冒用农产品质量标志。

国家加强地理标志农产品保护和管理。

第四十三条 【农业转基因生物安全管理标识】属于农业转基因生物的农产品，应当按照农业转基因生物安全管理的有关规定进行标识。

第四十四条 【动植物及其产品的检疫标志、证明】依法需要实施检疫的动植物及其产品，应当附具检疫标志、检疫证明。

第六章 监督管理

第四十五条 【农产品质量安全全程监督管理协作机制】县级以上人民政府农业农村主管部门和市场监督管理等部门应当建立健全农产品质量安全全程监督管理协作机制，确保农产品从生产到消费各环节的质量安全。

县级以上人民政府农业农村主管部门和市场监督管理部门应当加强收购、储存、运输过程中农产品质量安全监督管理的协调配合和执法衔接，及时通报和共享农产品质量安全监督管理信息，并按照职责权限，发布有关农产品质量安全日常监督管理信息。

第四十六条 【农产品质量安全监督抽查计划及风险分级管理】县级以上人民政府农业农村主管部门应当根据农产品质量安全风险监测、风险评估结果和农产品质量安全状况等，制定监督抽查计划，确定农产品质量安全监督抽查的重点、方式和频次，并实施农产品质量安全风险分级管理。

第四十七条 【农产品质量安全随机抽查机制及抽查要求】县级以上人民政府农业农村主管部门应当建立健全随机抽查机制，按照监督抽查计划，组织开展农产品质量安全监督抽查。

农产品质量安全监督抽查检测应当委托符合本法规定条件的农产品质量安全检测机构进行。监督抽查不得向被抽查人收取费用，抽取的样品应当按照市场价格支付费用，并不得超过国务院农业农村主管部门规定的数量。

上级农业农村主管部门监督抽查的同批次农产品，下级农业农村主管部门不得另行重复抽查。

知识点：建立健全随机抽查机制

《农产品质量安全法》规定县级以上人民政府农业农村主管部门和市场监督管理等部门应当建立健全农产品质量安全全程监督管理协作机制，确保农产品从生产到消费各环节的质量安全（第四十五条第一款）；县级以上人民政府农业农村主管部门当根据农产品质量安全风险监测、风险评估结果和农产品质量安全状况等，制定监督抽查计划（第四十六条）。而且，《农产品质量安全法》专门提到了县级以上人民政府农业农村主管部门要建立健全随机抽查机制，按照监督抽查计划，组织开展农产品质量安全监督抽查（第四十七条第一款），以这样的一些方式，更好地开展农产品质量的安全监督抽查工作。

第四十八条 【对农产品质量安全检测机构的要求】农产品质量安全检测应当充分利用现有的符合条件的检测机构。

从事农产品质量安全检测的机构，应当具备相应的检测条件和能力，由省级以上人民政府农业农村主管部门或者其授权的部门考核合格。具体办法由国务院农业农村主管部门制定。

农产品质量安全检测机构应当依法经资质认定。

第四十九条 【检测人员的资质以及检测报告责任制】从事农产品质量安全检测工作的人员，应当具备相应的专业知识和实际操作技能，遵纪守法，恪守职业道德。

农产品质量安全检测机构对出具的检测报告负责。检测报告应当客观公正，检测数据应当真实可靠，禁止出具虚假检测报告。

第五十条 【快速检测】县级以上地方人民政府农业农村主管部门可以采用国务院农业农村主管部门会同国务院市场监督管理等部门认定的快速检测方法，开展农产品质量安全监督抽查检测。抽查检测结果确定有关农产品不符合农产品质量安全标准的，可以作为行政处罚的证据。

第五十一条 【监督抽查检测结果的异议与复检】农产品生产经营者对监督抽查检测结果有异议的，可以自收到检测结果之日起五个工作日内，向实施农产品质量安全监督抽查的农业农村主管部门或者其上一级农业农村主管部门申请复检。复检机构与初检机构不得为同一机构。

采用快速检测方法进行农产品质量安全监督抽查检

测，被抽查人对检测结果有异议的，可以自收到检测结果时起四小时内申请复检。复检不得采用快速检测方法。

复检机构应当自收到复检样品之日起七个工作日内出具检测报告。

因检测结果错误给当事人造成损害的，依法承担赔偿责任。

知识点：规范监督抽查工作

完善农产品质量安全监督管理离不开规范的监督抽查工作。根据《农产品质量安全法》第四十六条至第五十三条的规定，县级以上人民政府有农业农村主管部门的应建立健全随机抽查机制，制定监督抽查计划，确定抽查的重点、方式和频次，有序、规范地开展监督抽查工作。第四十七条第二款规定，监督抽查不得向被抽查人收取费用，抽取的样品应当按照市场价格支付费用并不得超过规定数量，上级主管部门监督抽查的同批次农产品，下级主管部门不得另行重复抽查等。第四十八条和第四十九条规定了对检测机构及人员的要求，检测机构应当由省级以上人民政府农业农村主管部门或者其授权的部门考核合格。第五十条规定了县级以上地方人民政府农业农村主管部门可以采用经认定的快速检测方法开展农产品质量安全监督抽查检测，此种检测方式更加灵活简便，并且其结果可以作为行政处罚的依据。

另外，农产品生产经营者对于检测结果有异议的，可以在收到检测结果的5个工作日内（采用快速检测方法的可以在4个小时内）申请复检，复检机构不得与初检机构为同一机构（第五十一条）。

第五十二条 【主管部门日常检查与信息员工作制度】县级以上地方人民政府农业农村主管部门应当加强对农产品生产的监督管理，开展日常检查，重点检查农产品产地环境、农业投入品购买和使用、农产品生产记录、承诺达标合格证开具等情况。

国家鼓励和支持基层群众性自治组织建立农产品质量安全信息员工作制度，协助开展有关工作。

第五十三条 【农产品质量安全监督检查的措施】开展农产品质量安全监督检查，有权采取下列措施：

（一）进入生产经营场所进行现场检查，调查了解农产品质量安全的有关情况；

（二）查阅、复制农产品生产记录、购销台账等与农产品质量安全有关的资料；

（三）抽样检测生产经营的农产品和使用的农业投入品以及其他有关产品；

（四）查封、扣押有证据证明存在农产品质量安全隐患或者经检测不符合农产品质量安全标准的农产品；

（五）查封、扣押有证据证明可能危及农产品质量安全或者经检测不符合产品质量标准的农业投入品以及其他有毒有害物质；

（六）查封、扣押用于违法生产经营农产品的设施、设备、场所以及运输工具；

（七）收缴伪造的农产品质量标志。

农产品生产经营者应当协助、配合农产品质量安全监督检查，不得拒绝、阻挠。

第五十四条 【农产品质量安全信用体系建设】县级以上人民政府农业农村等部门应当加强农产品质量安全信用体系建设，建立农产品生产经营者信用记录，记载行政处罚等信息，推进农产品质量安全信用信息的应用和管理。

第五十五条 【与农产品生产经营者的责任约谈】农产品生产经营过程中存在质量安全隐患，未及时采取措施消除的，县级以上地方人民政府农业农村主管部门可以对农产品生产经营者的法定代表人或者主要负责人进行责任约谈。农产品生产经营者应当立即采取措施，进行整改，消除隐患。

第五十六条 【农产品质量安全社会监督】国家鼓励消费者协会和其他单位或者个人对农产品质量安全进行社会监督，对农产品质量安全监督管理工作提出意见和建议。任何单位和个人有权对违反本法的行为进行检举控告、投诉举报。

县级以上人民政府农业农村主管部门应当建立农产品质量安全投诉举报制度，公开投诉举报渠道，收到投诉举报后，应当及时处理。对不属于本部门职责的，应当移交有权处理的部门并书面通知投诉举报人。

知识点：鼓励对农产品质量安全进行社会监督

为了确保人民群众“舌尖上的安全”，《农产品质量安全法》的修订进一步压实监管责任，并鼓励消费者协会和其他单位或者个人对农产品质量安全进行社会监督。首先，国家鼓励和支持基层群众性自治组织建立农产品质量安全信息员工作制度，协助开展有关工作（第五十二条第二款）；其次，国家鼓励消费者协会、其他单位或个人对农产品质量安全进行社会监督，并赋予社会监督方提出意见、建议，对违法行为进行检举控告、投诉举报的权利（第五十六条第一款）；最后，要求县级以上人民政府农业农村主管部门建立农产品质量安全投诉举报制度，公开投诉举报渠道，收到投诉举报后及时处理或移交（第五十六条第二款）。

第五十七条 【农产品质量安全执法人员的培训及考核】县级以上地方人民政府农业农村主管部门应当加强对农产品质量安全执法人员的专业技术培训并组织考核。不具备相应知识和能力的，不得从事农产品质量安全执法工作。

第五十八条 【农产品质量安全的督促履职和责任约谈】上级人民政府应当督促下级人民政府履行农产品质量安全职责。对农产品质量安全责任落实不力、问题突出的地方人民政府，上级人民政府可以对其主要负责人进行责任约谈。被约谈的地方人民政府应当立即采取整改措施。

第五十九条 【农产品质量安全突发事件应急预案及

报告制度】国务院农业农村主管部门应当会同国务院有关部门制定国家农产品质量安全突发事件应急预案，并与国家食品安全事故应急预案相衔接。

县级以上地方人民政府应当根据有关法律、行政法规的规定和上级人民政府的农产品质量安全突发事件应急预案，制定本行政区域的农产品质量安全突发事件应急预案。

发生农产品质量安全事故时，有关单位和个人应当采取控制措施，及时向所在地乡镇人民政府和县级人民政府农业农村等部门报告；收到报告的机关应当按照农产品质量安全突发事件应急预案及时处理并报本级人民政府、上级人民政府有关部门。发生重大农产品质量安全事故时，按照规定上报国务院及其有关部门。

任何单位和个人不得隐瞒、谎报、缓报农产品质量安全事故，不得隐匿、伪造、毁灭有关证据。

知识点：提升应急处置能力

制定农产品质量安全突发事件应急预案的主要目的是建立健全应对农产品质量安全突发事件运行机制，有效预防、积极应对农产品质量安全突发事件，高效组织应急处置工作，最大限度地减少农产品质量安全事故的危害，保障公众健康与生命安全，维护正常的社会经济秩序。

国务院农业农村主管部门应当会同有关部门制定国家农产品质量安全突发事件应急预案，县级以上地方人民政府应当制定本行政区域的农产品质量安全突发事件应急预案（第五十九条）。第六十二条第二项对地方各级人民政府未制定本行政区域的农产品质量安全突发事件应急预案，或者发生农产品质量安全事故后未按规定启动应急预案的法律责任作出了规定，对直接负责的主管人员和其他直接责任人员予以警告、记过、记大过处分，造成严重后果的，给予降级或撤职处分。

第六十条 【市场监督管理部门的监督检查职责】县级以上地方人民政府市场监督管理部门依照本法和《中华人民共和国食品安全法》等法律、法规的规定，对农产品进入批发、零售市场或者生产加工企业后的生产经营活动进行监督检查。

第六十一条 【案件的移送及协助】县级以上人民政

府农业农村、市场监督管理等部门发现农产品质量安全违法行为涉嫌犯罪的，应当及时将案件移送公安机关。对移送的案件，公安机关应当及时审查；认为有犯罪事实需要追究刑事责任的，应当立案侦查。

公安机关对依法不需要追究刑事责任但应当给予行政处罚的，应当及时将案件移送农业农村、市场监督管理等部门，有关部门应当依法处理。

公安机关商请农业农村、市场监督管理、生态环境等部门提供检验结论、认定意见以及对涉案农产品进行无害化处理等协助的，有关部门应当及时提供、予以协助。

第七章 法律责任

第六十二条 【地方各级人民政府不履行监督管理职责的法律责任】违反本法规定，地方各级人民政府有下列情形之一的，对直接负责的主管人员和其他直接责任人员给予警告、记过、记大过处分；造成严重后果的，给予降级或者撤职处分：

（一）未确定有关部门的农产品质量安全监督管理工作职责，未建立健全农产品质量安全工作机制，或者未落实农产品质量安全监督管理责任；

（二）未制定本行政区域的农产品质量安全突发事件应急预案，或者发生农产品质量安全事故后未按照规定启动应急预案。

第六十三条 【主管部门不履行监督管理职责的法律责任】违反本法规定，县级以上人民政府农业农村等部门有下列行为之一的，对直接负责的主管人员和其他直接责任人员给予记大过处分；情节较重的，给予降级或者撤职处分；情节严重的，给予开除处分；造成严重后果的，其主要负责人还应当引咎辞职：

（一）隐瞒、谎报、缓报农产品质量安全事故或者隐匿、伪造、毁灭有关证据；

（二）未按照规定查处农产品质量安全事故，或者接到农产品质量安全事故报告未及时处理，造成事故扩大或者蔓延；

（三）发现农产品质量安全重大风险隐患后，未及时采取相应措施，造成农产品质量安全事故或者不良社会影响；

（四）不履行农产品质量安全监督管理职责，导致发生农产品质量安全事故。

第六十四条 【不当执法造成损失的赔偿及追责】县级以上地方人民政府农业农村、市场监督管理等部门在履行农产品质量安全监督管理职责过程中，违法实施检查、强制等执法措施，给农产品生产经营者造成损失的，应当依法予以赔偿，对直接负责的主管人员和其他直接责任人员依法给予处分。

第六十五条 【出具虚假检测报告的法律责任】农产品质量安全检测机构、检测人员出具虚假检测报告的，由县级以上人民政府农业农村主管部门没收所收取的检测费用，检测费用不足一万元的，并处五万元以上十万元以下罚款，检测费用一万元以上的，并处检测费用五倍以上十倍以下罚款；对直接负责的主管人员和其他直接责任人员处一万元以上五万元以下罚款；使消费者的合法权益受到损害的，农产品质量安全检测机构应当与农产品生产经营者承担连带责任。

因农产品质量安全违法行为受到刑事处罚或者因出具虚假检测报告导致发生重大农产品质量安全事故的检测人员，终身不得从事农产品质量安全检测工作。农产品质量安全检测机构不得聘用上述人员。

农产品质量安全检测机构有前两款违法行为的，由授予其资质的主管部门或者机构吊销该农产品质量安全检测机构的资质证书。

第六十六条 【违反农产品产地管理的法律责任】违反本法规定，在特定农产品禁止生产区域种植、养殖、捕捞、采集特定农产品或者建立特定农产品生产基地的，由县级以上地方人民政府农业农村主管部门责令停止违法行为，没收农产品和违法所得，并处违法所得一倍以上三倍以下罚款。

违反法律、法规规定，向农产品产地排放或者倾倒废水、废气、固体废物或者其他有毒有害物质的，依照有关环境保护法律、法规的规定处理、处罚；造成损害的，依法承担赔偿责任。

第六十七条 【农业投入品生产者、经营者、使用者的法律责任】农药、肥料、农用薄膜等农业投入品的生产者、经营者、使用者未按照规定回收并妥善处置包装物或者废弃物的，由县级以上地方人民政府农业农村主管部门依照有关法律、法规的规定处理、处罚。

第六十八条 【农产品生产企业的法律责任】违反本法规定，农产品生产企业有下列情形之一的，由县级以上地方人民政府农业农村主管部门责令限期改正；逾期不改正的，处五千元以上五万元以下罚款：

（一）未建立农产品质量安全管理制度；

（二）未配备相应的农产品质量安全管理技术人员，且未委托具有专业技术知识的人员进行农产品质量安全指导。

第六十九条 【生产记录相关法律责任】农产品生产企业、农民专业合作社、农业社会化服务组织未依照本法规定建立、保存农产品生产记录，或者伪造、变造农产品生产记录的，由县级以上地方人民政府农业农村主管部门责令限期改正；逾期不改正的，处二千元以上二万元以下罚款。

知识点：生产记录的建立、管理与相应责任

《农产品质量安全法》对农产品生产记录的建立、管理与相应责任作出了全面规定。农产品生产企业、农民专业合作社、农业社会化服务组织应当建立农产品生产记录，如实记载使用农业投入品的具体情况，动物疫病及农作物病虫害的发生与防治情况，收获、屠宰或捕捞日期等，农产品生产记录应当至少保存二年，同时国家鼓励其他农产品生产者建立农产品生产记录（第二十七条）。县级以上地方人民政府农业农村主管部门开展日常检查时，重点检查农产品生产记录等情况（第五十二条第一款）。开展农产品质量安全监督检查时，主管部门有权查阅、复制农产品生产记录、购销台账等与农产品质量安全有关的资料（第五十三条第一款第二项）。未依照规定建立、保存农产品生产记录，或者伪造、变造农产品生产记录的，由县级以上地方人民政府农业农村主管部门责令限期改正；逾期不改正的，处二千元以上二万元以下罚款（第六十九条）。

第七十条 【使用禁用农业投入品、销售含禁用农业投入品农产品、销售非正常死亡动物及产品等的法律责任】违反本法规定，农产品生产经营者有下列行为之一，尚不构成犯罪的，由县级以上地方人民政府农业农村主管部门责令停止生产经营、追回已经销售的农产品，对违法生产经营的农产品进行无害化处理或者予以监督销毁，没收违法所得，并可以没收用于违法生产经营的工具、设备、原料等物品；违法生产经营的农产品货值金额不足一万元的，并处十万元以上十五万元以下罚款，货值金额一万元以上的，并处货值金额十五倍以上三十倍以下罚款；对农户，并处一千元以上一万元以下罚款；情节严重的，有许可证的吊销许可证，并可以由公安机关对其直接负责的主管人员和其他直接责任人员处五日以上十五日以下拘留：

（一）在农产品生产经营过程中使用国家禁止使用的农业投入品或者其他有毒有害物质；

（二）销售含有国家禁止使用的农药、兽药或者其他化合物的农产品；

（三）销售病死、毒死或者死因不明的动物及其产品。

明知农产品生产经营者从事前款规定的违法行为，仍为其提供生产经营场所或者其他条件的，由县级以上地方人民政府农业农村主管部门责令停止违法行为，没收违法所得，并处十万元以上二十万元以下罚款；使消费者的合法权益受到损害的，应当与农产品生产经营者承担连带责任。

第七十一条 【销售不符合质量安全标准农产品的法律责任】违反本法规定，农产品生产经营者有下列行为之一，尚不构成犯罪的，由县级以上地方人民政府农业农村主管部门责令停止生产经营、追回已经销售的农产品，对违法生产经营的农产品进行无害化处理或者予以监督销毁，没收违法所得，并可以没收用于违法生产经营的工具、设备、原料等物品；违法生产经营的农产品货值金额不足一万元的，并处五万元以上十万元以下罚款，货值金额一万元以上的，并处货值金额十倍以上二十倍以下罚款；对农户，并处五百元以上五千元以下罚款：

（一）销售农药、兽药等化学物质残留或者含有的重金属等有毒有害物质不符合农产品质量安全标准的农产品；

（二）销售含有的致病性寄生虫、微生物或者生物毒素不符合农产品质量安全标准的农产品；

（三）销售其他不符合农产品质量安全标准的农产品。

第七十二条 【生产经营活动不符合质量安全规定的法律责任】违反本法规定，农产品生产经营者有下列行为之一的，由县级以上地方人民政府农业农村主管部门责令停止生产经营、追回已经销售的农产品，对违法生产经营的农产品进行无害化处理或者予以监督销毁，没收违法所得，并可以没收用于违法生产经营的工具、设备、原料等物品；违法生产经营的农产品货值金额不足一万元的，并处五千元以上五万元以下罚款，货值金额一万元以上的，并处货值金额五倍以上十倍以下罚款；对农户，并处三百元以上三千元以下罚款：

（一）在农产品生产场所以及生产活动中使用的设施、设备、消毒剂、洗涤剂等不符合国家有关质量安全规定；

（二）未按照国家有关强制性标准或者其他农产品质量安全规定使用保鲜剂、防腐剂、添加剂、包装材料等，或者使用的保鲜剂、防腐剂、添加剂、包装材料等不符合国家有关强制性标准或者其他质量安全规定；

（三）将农产品与有毒有害物质一同储存、运输。

第七十三条　【违反承诺达标合格证相关规定的法律责任】违反本法规定，有下列行为之一的，由县级以上地方人民政府农业农村主管部门按照职责给予批评教育，责令限期改正；逾期不改正的，处一百元以上一千元以下罚款：

（一）农产品生产企业、农民专业合作社、从事农产品收购的单位或者个人未按照规定开具承诺达标合格证；

（二）从事农产品收购的单位或者个人未按照规定收取、保存承诺达标合格证或者其他合格证明。

第七十四条　【冒用农产品质量标志或销售相关农产品的法律责任】农产品生产经营者冒用农产品质量标志，或者销售冒用农产品质量标志的农产品的，由县级以上地方人民政府农业农村主管部门按照职责责令改正，没收违法所得；违法生产经营的农产品货值金额不足五千元的，并处五千元以上五万元以下罚款，货值金额五千元以上的，并处货值金额十倍以上二十倍以下罚款。

第七十五条 【违反质量安全追溯规定的法律责任】违反本法关于农产品质量安全追溯规定的，由县级以上地方人民政府农业农村主管部门按照职责责令限期改正；逾期不改正的，可以处一万元以下罚款。

第七十六条 【拒绝、阻挠农产品质量安全监督相关活动的法律责任】违反本法规定，拒绝、阻挠依法开展的农产品质量安全监督检查、事故调查处理、抽样检测和风险评估的，由有关主管部门按照职责责令停产停业，并处二千元以上五万元以下罚款；构成违反治安管理行为的，由公安机关依法给予治安管理处罚。

知识点：细化违反农产品安全质量管理要求的行为责任

《农产品质量安全法》细化了一些违反农产品安全质量管理要求的行为责任。其中，第七十条规定了在农产品生产经营过程中使用国家禁止使用的农业投入品或其他有毒有害物质，销售含有国家禁止使用的农药、兽药或者其他化合物的农产品，或销售病死、毒死或者死因不明动物及其产品的责任；第七十一条规定了销售农药、兽药等化学物质残留或者含有的重金属等有毒有害物质不符合农产品质量安全标准的农产品，销售含有的致病性寄生虫、微生物或者生物毒素等不符合农产品质量安全标准的农产品，或销售其他不符合农产品质量安全标准的农产品的责任；第七十二条规定了在农产品生产场所以及生产活动中使用的设施、设备、消毒剂、洗涤剂等不符合国家有关质量安全规定，未按照国家有关强制性标准或者其他农产品质量安全规定使用保鲜剂、防腐剂、添加剂、包装材料等，或者使用的保鲜剂、防腐剂、添加剂、包装材料等不符合国家有关强制性标准或者其他质量安全规定，将农产品与有毒有害物质一同储存、运输的责任；第七十三条规定了违反承诺达标合格证相关要求的法律责任；第七十四条规定了冒用农产品质量标志或销售相关农产品的责任；第七十五条规定了违反质量安全追溯要求的责任；第七十六条规定了拒绝、阻挠农产品质量安全监督相关活动的责任。

第七十七条 【食用农产品违法责任的法律适用】《中华人民共和国食品安全法》对食用农产品进入批发、零售市场或者生产加工企业后的违法行为和法律责任有规定的，由县级以上地方人民政府市场监督管理部门依照其规定进行处罚。

第七十八条 【刑事责任】违反本法规定，构成犯罪的，依法追究刑事责任。

第七十九条 【民事赔偿责任及公益诉讼制度】违反本法规定，给消费者造成人身、财产或者其他损害的，依法承担民事赔偿责任。生产经营者财产不足以同时承担民事赔偿责任和缴纳罚款、罚金时，先承担民事赔偿责任。

食用农产品生产经营者违反本法规定，污染环境、侵害众多消费者合法权益，损害社会公共利益的，人民检察院可以依照《中华人民共和国民事诉讼法》《中华人民共和国行政诉讼法》等法律的规定向人民法院提起诉讼。

知识点：增设农产品质量安全领域公益诉讼制度

农产品质量安全不仅涉及国家粮食安全，更是广大人民群众“舌尖上的安全”。《农产品质量安全法》在“第六章　监督管理”中，不仅明确了各级政府的监督责任，明确鼓励单位和个人对农产品质量安全进行社会监督，对违反本法的行为进行检举控告、投诉举报，还增设了农产品质量安全领域的公益诉讼制度。第七十九条第二款规定，食用农产品生产经营者违反本法规定，污染环境、侵害众多消费者合法权益，损害社会公共利益的，人民检察院可以依法向人民法院提起诉讼。这一规定有助于加强对农产品质量的监督管理，形成更加有力的监督体系。

第八章　附　　则

第八十条　【粮食收、储、运环节质量安全管理的法律适用】粮食收购、储存、运输环节的质量安全管理，依照有关粮食管理的法律、行政法规执行。

第八十一条　【施行日期】本法自2023年1月1日起施行。